La maison
နေအိမ်

Dictionnaire d'images bilingue pour enfants

Français-Birman

Richard Carlson

The author would like to thank the translators for their contribution.

La porte

တံခါး

La fenêtre

ပြတင်းပေါက်

Le canapé

ဆိုဖာ

La table basse

စားပွဲခုံ

Le tapis

ကော်ဇော

Le salon

ဧည့်ခန်း

Le rideau

လိုက်ကာ

La pendule

နာရီ

Le tableau

ပန်းချီကား

Le fauteuil

La lampe

မီးအိမ်

Les placards

အံဆွဲများ

Les fleurs

ပန်းများ

La chaise

ထိုင်ခုံ

La table

စားပွဲခုံ

La salle à manger

ထမင်းစားခန်း

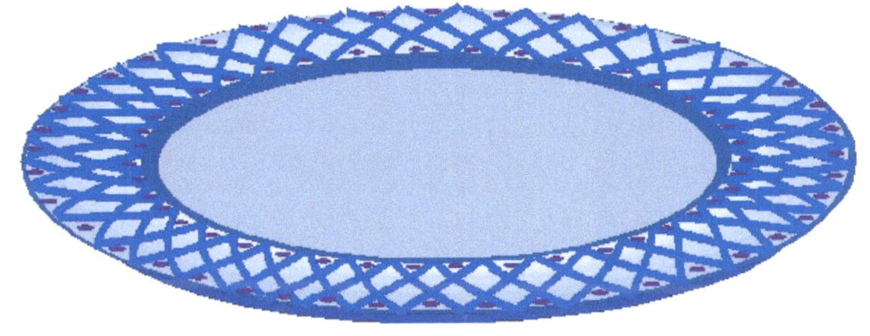

L'assiette

ပန်းကန်ပြား

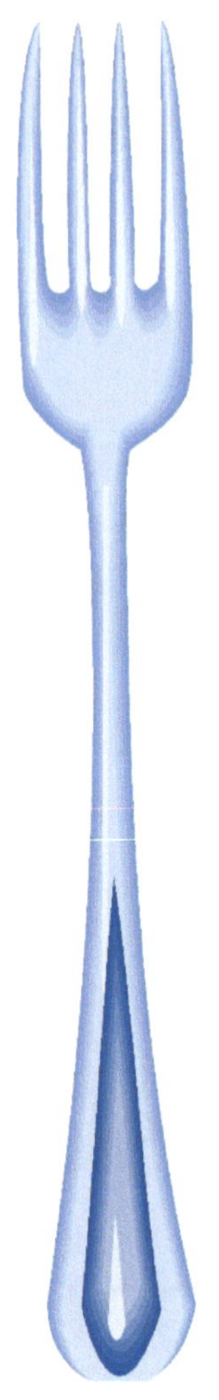

La fourchette

ခက်ရင်း

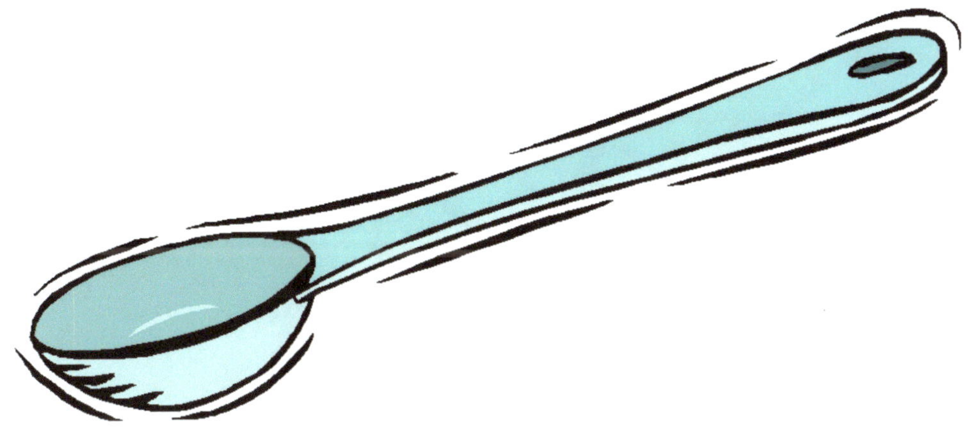

La cuillère

ဇွန်း

Le couteau

ဓား

Le verre

ဖန်ခွက်

La tasse

ခွက်

La cuisine

မီးဖိုချောင်

Le four

Le réfrigérateur

ရေခဲသေတ္တာ

L'évier

ဘေစင်

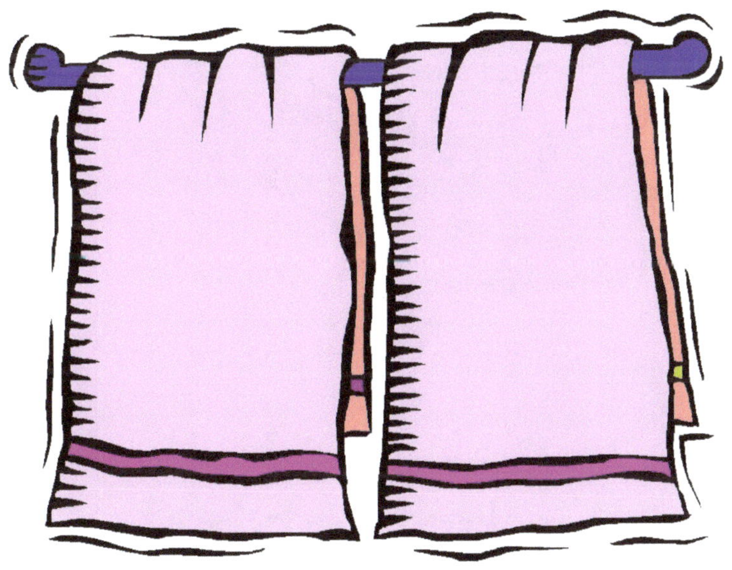

La serviette

မျက်နှာသုတ်ပုဝါ

La baignoire

ရေချိုးကန်

La douche

ရေပန်း

La bibliothèque

စာအုပ်စင်

Le lit

အိပ်ရာ

La commode

မှန်တင်ခုံ

La chambre

အိပ်ခန်း

Le placard

ဗီရို

Le berceau

ပုခက်

La radio

ရေဒီယို

Le four à micro-ondes

မိုက်ခရိုဝေ့(ဖ်)

La poubelle

အမှိုက်ပုံး

Apprenez des choses dans un dictionnaire d'images illustrant la maison.

À propos de l'auteur : Richard Carlson est auteur de livres bilingues pour enfants.
www.richardcarlson.com